Sarah MOANDA

LES CLÉS DE LA RÉUSSITE

Sarah MOANDA

LES CLÉS DE LA RÉUSSITE

Une approche positive pour atteindre vos objectifs (guide pratique)

Éditions Vie

Cover image: www.ingimage.com

Publisher:
Éditions Vie
is a trademark of
Dodo Books Indian Ocean Ltd. and OmniScriptum S.R.L publishing group

120 High Road, East Finchley, London, N2 9ED, United Kingdom
Str. Armeneasca 28/1, office 1, Chisinau MD-2012, Republic of Moldova, Europe
Printed at: see last page
ISBN: 978-613-9-58981-4

LES CLÉS DE LA RÉUSSITE

Une approche positive pour atteindre vos objectif (le guide pratique)

Par Sarah MOANDA

TABLE DES MATIÈRES

INTRODUCTION

Présentation du livre :

« La pensée positive est une attitude mentale qui nous permet de voir le monde avec un regard optimiste, en mettant l'accent sur les aspects positifs plutôt que sur les aspects négatifs de la vie. »Cette citation de Roy T. Bennett résume parfaitement l'essence de ce livre.

Dans ce monde en constante évolution, où les défis et les obstacles sont de plus en plus nombreux, il est crucial d'avoir une attitude positive pour réussir. La pensée positive peut aider à surmonter les difficultés et à transformer les défis en opportunités.

Ce livre explore les différentes façons dont une attitude positive peut changer votre vie, en vous aidant à atteindre vos objectifs et à réaliser vos rêves. Chaque chapitre se concentre sur un aspect spécifique de la pensée positive, en fournissant des outils et des techniques pratiques pour vous aider à changer votre état d'esprit et à obtenir des résultats exceptionnels.

Des recherches scientifiques ont démontré que la pensée positive peut améliorer la santé mentale et physique, ainsi que la qualité de vie. Par exemple, une étude menée par l'Université de Californie à Berkeley a révélé que les personnes qui pratiquent la pensée positive ont une meilleure santé, moins de stress et plus de résilience face aux épreuves de la vie.

Ce livre ne se contente pas de partager des idées théoriques, il s'appuie également sur des résultats de recherche pour étayer les concepts présentés. Nous incluons des citations d'experts en psychologie, en développement personnel et en réussite pour donner un aperçu des pratiques positives efficaces.

En plus de fournir une compréhension approfondie des concepts de base, ce livre propose également des exercices pratiques pour aider les lecteurs à appliquer ces concepts dans leur vie quotidienne. Des techniques éprouvées et des outils utiles sont également inclus pour aider les lecteurs à renforcer leur apprentissage et leur compréhension.

Dans les pages qui suivent, nous allons explorer les avantages de la pensée positive, ainsi que les techniques pour cultiver une attitude mentale positive et atteindre le succès que vous méritez. Nous vous invitons à vous engager pleinement dans ce processus de transformation personnelle et à intégrer les conseils pratiques dans votre vie quotidienne. Vous pouvez atteindre vos objectifs et vivre la vie que vous désirez en cultivant une attitude positive, alors allons-y !

CHAPITRE 1 : LA PENSÉE POSITIVE : UNE ATTITUDE GAGNANTE

Le pouvoir de la pensée positive est souvent sous-estimé. En réalité, une attitude positive peut faire la différence entre le succès et l'échec. Dans ce chapitre, nous explorerons le pouvoir de la pensée positive et son impact sur notre vie. Nous verrons également comment une attitude positive peut nous aider à surmonter les obstacles et à réussir dans tous les aspects de notre vie.

Le pouvoir de la pensée positive :

Selon de nombreuses études, la pensée positive peut augmenter notre niveau de bonheur, réduire le stress, améliorer notre santé mentale et physique, renforcer notre résilience face aux défis et favoriser notre succès dans tous les domaines. Les recherches ont montré que les personnes ayant une attitude positive ont tendance à être plus créatives, à résoudre les problèmes plus facilement et à avoir une vision plus large de la vie. En outre, elles ont également tendance à avoir des relations plus satisfaisantes et à être plus productives dans leur travail.

La pensée positive est une approche mentale qui se concentre sur les aspects positifs de la vie plutôt que sur les aspects négatifs. Elle implique de reconnaître les opportunités plutôt que les obstacles, de trouver des solutions plutôt que de se concentrer sur les problèmes et de voir le verre à moitié plein plutôt qu'à moitié vide.

L'importance de l'attitude positive pour la réussite :

De nombreux experts en psychologie et en développement personnel ont souligné l'importance de l'attitude positive pour atteindre le succès dans la vie. Selon Carol Dweck, professeur de psychologie à l'Université Stanford, l'adoption d'une attitude de croissance, c'est-à-dire une attitude positive envers les défis et l'apprentissage, est l'un des facteurs clés du succès. Les personnes qui ont une attitude de croissance ont tendance à voir les erreurs et les échecs comme des opportunités d'apprentissage et de croissance, ce qui leur permet de s'adapter aux changements et de développer leur potentiel.

Une attitude positive peut vous aider à vous concentrer sur vos objectifs et à trouver des moyens de les atteindre. Elle peut également vous aider à rester motivé, à surmonter les obstacles et à persévérer dans la poursuite de vos rêves. En effet, une attitude positive peut vous aider à développer une résilience qui vous permettra de surmonter les échecs et les défis.

Comment surmonter les obstacles avec une attitude positive :

Lorsque nous sommes confrontés à des obstacles et à des défis, une attitude positive peut nous aider à surmonter ces difficultés. Au lieu de se concentrer sur les obstacles, nous pouvons adopter une attitude positive en voyant les défis comme des opportunités d'apprentissage et de croissance. Les recherches ont montré que l'adoption d'une attitude positive peut nous aider à trouver des solutions créatives aux problèmes et à renforcer notre résilience face aux défis.

Mais comment pouvez-vous développer une attitude positive ? Il existe plusieurs façons de le faire. Tout d'abord, vous pouvez commencer par prendre conscience de vos pensées négatives et de leur impact sur votre vie. Ensuite, vous pouvez apprendre à remplacer ces pensées négatives par des pensées positives. Par exemple, si vous pensez "Je ne peux pas faire ça", remplacez cette pensée par "Je peux faire ça si je m'applique et que je travaille dur".

Une autre façon de développer une attitude positive est de pratiquer la gratitude. Prenez le temps chaque jour pour réfléchir sur les choses positives dans votre vie et pour en exprimer votre reconnaissance. Cela peut vous aider à voir les aspects positifs de votre vie plutôt que de vous concentrer sur les aspects négatifs.

Entourez-vous de personnes positives et inspirantes. Les personnes qui ont une attitude positive peuvent vous aider à rester motivé et à persévérer dans la poursuite de vos objectifs. Elles peuvent également vous encourager à voir les aspects positifs de la vie.

La musique a un pouvoir incroyable sur notre état d'esprit. Elle peut nous transporter dans un monde différent et nous aider à nous détendre et à nous libérer de nos soucis. La musique peut également avoir un impact positif sur notre humeur en libérant des endorphines, les hormones du bien-être, dans notre corps.

En écoutant de la musique joyeuse et positive, nous pouvons nous sentir plus heureux et plus optimistes. La musique peut également nous aider à nous concentrer et à rester motivé lorsque nous avons des tâches difficiles à accomplir. Elle peut nous donner de l'énergie et nous aider à trouver la force nécessaire pour surmonter les obstacles.

De plus, en chantant ou en dansant sur de la musique, nous pouvons libérer des émotions négatives et nous débarrasser de nos tensions. La musique peut nous aider à exprimer nos sentiments et nos émotions, nous permettant ainsi de les libérer et de nous sentir plus légers.
En somme, la musique peut être un outil puissant pour nous aider à passer de la négativité à la positivité. En écoutant de la musique positive et en laissant nos émotions s'exprimer, nous pouvons nous sentir plus heureux, plus optimistes et plus motivés pour atteindre nos objectifs.

En somme, adopter une attitude positive peut avoir un impact significatif sur notre vie, en nous aidant à être plus heureux, en améliorant notre santé mentale et physique, en augmentant notre résilience face aux défis et en favorisant notre réussite dans tous les domaines. Les résultats scientifiques soutiennent clairement l'idée que la pensée positive est une attitude gagnante pour la vie.

EXERCICE :

Un exercice simple et efficace pour développer une pensée positive consiste à pratiquer la réorientation mentale.

Chaque fois que vous vous surprenez à avoir une pensée négative, essayez de la transformer en une pensée positive. Par exemple, si vous pensez "Je n'ai pas réussi à terminer ce projet à temps", essayez de transformer cette pensée en

"J'ai fait de mon mieux et j'ai appris des choses importantes pour le prochain projet".

Prenez quelques minutes chaque jour pour réfléchir aux pensées négatives que vous avez eues et comment vous pouvez les transformer en pensées positives.

Essayons :

Pensée négative : ________________________________

____

____

Pensée positive : ________________________________

____

____

Réflexion quotidienne : ___________________________

____

____

____

____

En pratiquant régulièrement cette technique, vous commencerez à remarquer un changement dans votre attitude et votre état d'esprit. Vous commencerez à voir les situations de manière plus positive, ce qui renforcera votre confiance en vous et votre capacité à atteindre le succès que vous désirez.

Petit + : Voici quelques phrases positives à répéter qui peuvent vous aider à vous sentir bien :

« Je suis capable de surmonter tous les défis qui se présentent à moi. »

« Je suis en contrôle de mes pensées et de mes émotions. »

« Je suis rempli d'énergie positive et de confiance en moi. »

« Je mérite le bonheur et la réussite. »

« Je suis entouré d'amour et de soutien. »

« Je choisis de voir le meilleur dans toutes les situations. »

« Je suis reconnaissant pour tout ce que j'ai dans ma vie. »

« Je suis en paix avec moi-même et avec le monde qui m'entoure. »

« Je suis capable de faire de grands changements dans ma vie. »

« Je suis digne d'amour et de respect. »

Ces phrases positives peuvent vous aider à changer votre état d'esprit et à vous sentir mieux. N'hésitez pas à les adapter à votre situation personnelle et à les répéter régulièrement pour renforcer leur effet positif.

OUTILS ET TECHNIQUES

Il existe de nombreuses techniques et outils pratiques qui peuvent vous aider à changer votre état d'esprit et à adopter une attitude positive pour atteindre des résultats exceptionnels. En voici quelques-uns :

1. La méditation : la méditation peut vous aider à calmer votre esprit et à vous concentrer sur le moment présent. Cela peut vous aider à développer une attitude positive et à être plus présent dans votre vie.
2. La visualisation : la visualisation est une technique puissante qui consiste à imaginer le succès et à se concentrer sur les résultats que vous voulez obtenir. Cela peut vous aider à rester motivé et à surmonter les obstacles.

3. Les affirmations positives : les affirmations positives sont des phrases que vous vous répétez pour vous encourager et vous motiver. Cela peut vous aider à développer une attitude positive et à renforcer votre confiance en vous.

4. La gratitude : la gratitude consiste à être reconnaissant pour ce que vous avez dans votre vie. Cela peut vous aider à vous concentrer sur les aspects positifs de votre vie et à être plus heureux.

5. La gestion du stress : la gestion du stress peut vous aider à rester calme et à gérer les situations difficiles. Cela peut vous aider à rester positif et à surmonter les obstacles.

Des études scientifiques ont montré que la pratique de la pensée positive peut avoir des effets bénéfiques sur la santé mentale et physique, tels que la réduction du stress, de l'anxiété et de la dépression. En adoptant une attitude positive, vous pouvez améliorer votre bien-être général et augmenter vos chances de réussite dans tous les aspects de votre vie.

"La seule limite à notre réalisation demain sera notre doute d'aujourd'hui." - Franklin D. Roosevelt

CHAPITRE 2 : FIXER DES OBJECTIFS AMBITIEUX

Les objectifs ambitieux sont un élément clé de la réussite, qu'il s'agisse de réussir sur le plan personnel ou professionnel. Ils vous aident à rester motivé et engagé, à vous concentrer sur ce qui est important et à vous donner un objectif clair à atteindre. Dans ce chapitre, nous examinerons de près l'importance des objectifs ambitieux pour obtenir des résultats exceptionnels et nous vous fournirons des outils pratiques pour vous aider à définir des objectifs réalisables et à les suivre pour maximiser vos chances de réussite.

L'importance des objectifs ambitieux pour atteindre des résultats exceptionnels

La recherche a montré que les personnes qui fixent des objectifs ambitieux sont plus susceptibles de réussir que celles qui ne le font pas. Des études ont également montré que les personnes qui ont des objectifs clairs et précis ont tendance à être plus motivées, plus résilientes et plus efficaces dans leur travail que celles qui n'ont pas de tels objectifs. Selon le psychologue Edwin Locke, "des objectifs clairs et précis donnent aux gens un point de mire et une raison d'être. Ils sont motivés à travailler dur pour atteindre ces objectifs, car ils voient leur travail comme un moyen de réaliser quelque chose d'important ».

Comment définir des objectifs réalisables

Il est important de définir des objectifs ambitieux, mais il est tout aussi important de s'assurer qu'ils sont réalisables.

Des objectifs trop ambitieux peuvent être décourageants et peuvent même conduire à l'échec. Pour définir des objectifs réalisables, vous devez vous fixer des objectifs clairs et précis, qui sont alignés sur vos valeurs et vos priorités. Vous devez également définir des échéances pour chaque objectif, ce qui vous aidera à rester motivé et à suivre votre progression.

Comment suivre les objectifs pour maximiser les chances de succès

Une fois que vous avez défini vos objectifs, il est important de les suivre pour maximiser vos chances de réussite. Cela signifie mesurer votre progression régulièrement, identifier les obstacles potentiels et prendre des mesures pour les surmonter. La recherche a montré que la surveillance régulière des objectifs peut augmenter la motivation et améliorer les résultats. En outre, le fait d'identifier les obstacles potentiels à l'avance peut vous aider à prendre des mesures préventives pour les surmonter.

En fixant des objectifs ambitieux et réalisables, vous pouvez améliorer votre motivation, votre engagement et votre efficacité dans votre travail. En suivant régulièrement vos objectifs et en identifiant les obstacles potentiels, vous pouvez maximiser vos chances de succès. Dans le prochain chapitre, nous examinerons le pouvoir de la visualisation pour vous aider à atteindre vos objectifs et à surmonter les obstacles....

EXERCICE :

la fixation d'objectifs ambitieux en créant une liste de vos objectifs à court terme et à long terme, en utilisant la méthode SMART.

La méthode SMART est un moyen de définir des objectifs qui sont spécifiques, mesurables, atteignables, pertinents et temporels.

Objectif : ____________________________________

____

____

S (Spécifique) : Mon objectif est clairement défini et spécifique. Je veux ______________________________

____

____

Exemples :

- Perdre 10 kg en 6 mois
- Économiser 5000 € pour acheter une nouvelle voiture

M (Mesurable) : Je peux mesurer mon progrès et déterminer si j'atteins mon objectif ou non en utilisant des indicateurs de mesure. ___________________________

____

____

Exemples

- Je vais peser chaque semaine pour suivre ma perte de poids
- Je vais vérifier mon compte bancaire chaque mois pour suivre mes économies

A (Ambitieux) : Mon objectif est ambitieux et me pousse à sortir de ma zone de confort. Il doit être réalisable, mais pas facilement. ______________________________

____

____

Exemples

- Perdre 2 kg par mois est un objectif ambitieux mais réalisable
- Économiser 200 € par mois est un objectif ambitieux mais réalisable

R (Réaliste) : Mon objectif doit être réaliste en tenant compte de mes contraintes et ressources actuelles.______

____

____

Exemple

- Perdre 10 kg en 1 mois est irréaliste, car cela peut être dangereux pour ma santé
- Économiser 5000 € en 1 mois n'est pas réalisable avec mon salaire actuel

T (Temporel) : Mon objectif doit être limité dans le temps, avec une date limite pour le réaliser.

Exemples :

- Perdre 10 kg en 6 mois, soit avant le 1er septembre
- Économiser 5000 € en 2 ans, soit avant le 31 décembre 2024

Maintenant, en utilisant la méthode SMART, prenez le temps de réfléchir à un objectif ambitieux que vous souhaitez atteindre et remplissez le formulaire en conséquence. Bonne chance !

Une fois que vous avez établi une liste de vos objectifs à court terme et à long terme en utilisant la méthode SMART, établissez un plan d'action pour chaque objectif.

Écrivez les étapes spécifiques que vous devez suivre pour atteindre chaque objectif et fixez des délais réalistes pour chaque étape.

Enfin, révisez régulièrement votre liste d'objectifs et votre plan d'action pour vous assurer que vous êtes sur la bonne voie pour atteindre vos objectifs. Vous pouvez également ajouter de nouveaux objectifs ou modifier votre plan d'action au besoin.

Cet exercice vous aidera à définir des objectifs ambitieux et réalisables, ainsi qu'à établir un plan d'action pour atteindre chaque objectif. La méthode SMART vous aidera à vous concentrer sur les objectifs importants et à travailler de manière plus efficace et efficiente pour les atteindre.

OUTILS ET TECHNIQUES

Voici quelques outils et techniques pour vous aider à vous fixer des objectifs ambitieux :

1. Utiliser la méthode SMART : la méthode SMART est une technique de définition d'objectifs qui aide à s'assurer que vos objectifs sont bien spécifiques, mesurables, atteignables, pertinents et temporels. En utilisant cette méthode, vous pouvez créer des objectifs clairs et précis qui sont plus facilement réalisables.

2. Définir une vision à long terme : pour se fixer des objectifs ambitieux, il est important de définir une vision à long terme de ce que vous souhaitez accomplir. En ayant une vision claire de votre objectif final, vous pouvez mieux planifier les étapes intermédiaires nécessaires pour y parvenir.

3. Établir des priorités : lorsque vous avez plusieurs objectifs, il est important d'établir des priorités pour vous concentrer sur ceux qui sont les plus importants pour vous. En vous concentrant sur les objectifs les plus pertinents pour vous, vous pouvez vous assurer que vous atteignez des résultats significatifs.

4. Utiliser des outils de suivi des objectifs : des applications et des outils de suivi des objectifs, tels que Trello, Asana ou Google Sheets, peuvent vous

aider à suivre votre progression et à rester motivé tout au long de votre parcours

5. Trouver un mentor : trouver un mentor qui a déjà atteint des objectifs similaires peut vous aider à bénéficier de son expérience et de ses conseils pour vous aider à vous fixer des objectifs ambitieux.

6. Célébrer les petites victoires : lorsque vous atteignez des étapes intermédiaires sur la voie de vos objectifs ambitieux, célébrez-les. Cela vous aidera à maintenir votre motivation et à rester concentré sur votre objectif final.

En utilisant ces outils et techniques pour vous fixer des objectifs ambitieux, vous pouvez vous donner les moyens d'atteindre des résultats exceptionnels grâce à la pensée positive.

"Les grands accomplissements sont toujours précédés de grandes ambitions." - Ralph Waldo Emerson

CHAPITRE 3 : LA VISUALISATION POUR LA RÉUSSITE

La visualisation est une technique puissante qui permet d'imaginer des résultats souhaités dans notre esprit, avant qu'ils ne se réalisent dans la réalité. Cette pratique peut aider à établir des connexions mentales entre les pensées et les comportements, ce qui peut favoriser le développement d'une attitude positive. Les résultats de nombreuses études ont montré que la visualisation est une méthode efficace pour améliorer les performances, notamment dans le sport, les études et même en milieu professionnel.

Le pouvoir de la visualisation pour atteindre vos objectifs

La visualisation est un outil essentiel pour atteindre les objectifs ambitieux que vous vous êtes fixés. En imaginant clairement les résultats souhaités, vous pouvez vous concentrer sur les actions que vous devez prendre pour les réaliser. Les recherches ont montré que la visualisation aide à développer la concentration, la confiance en soi, la créativité et la motivation.

Une étude menée par l'Université de Chicago a montré que les joueurs de basket-ball qui ont pratiqué la visualisation ont augmenté leur taux de réussite de près de 23% par rapport à ceux qui n'ont pas utilisé cette technique. En visualisant leurs tirs avant le match, les joueurs ont développé leur confiance en eux-mêmes et ont amélioré leur performance sur le terrain.

Comment utiliser la visualisation pour rester concentré sur vos objectifs

La visualisation est également un outil efficace pour maintenir votre concentration sur vos objectifs à long terme. En créant une image mentale claire de vos résultats souhaités, vous pouvez vous rappeler pourquoi vous travaillez dur et rester motivé même lorsque les choses deviennent difficiles.

Une étude menée par l'Université de Californie a montré que la visualisation peut aider à renforcer les connexions neuronales dans le cerveau, ce qui peut aider à maintenir la concentration sur les objectifs à long terme. Les participants à l'étude qui ont pratiqué la visualisation ont développé des connexions plus fortes dans les régions du cerveau associées à la mémoire, la concentration et la planification.

Comment utiliser la visualisation pour surmonter les obstacles

La visualisation peut également être utilisée pour surmonter les obstacles qui se présentent sur le chemin de vos objectifs. En imaginant clairement la façon dont vous surmonterez ces obstacles, vous pouvez développer des stratégies mentales pour les résoudre efficacement.

Une étude menée par l'Université de Caroline du Nord a montré que les athlètes qui ont pratiqué la visualisation pour surmonter les obstacles ont connu une amélioration significative de leurs performances. En imaginant les défis qu'ils allaient rencontrer et en visualisant comment ils allaient les surmonter, les athlètes ont développé une confiance en eux-mêmes et ont réussi à dépasser les obstacles qui se sont présentés.

La visualisation est une technique puissante qui peut vous aider à atteindre vos objectifs, à maintenir votre concentration et à surmonter les obstacles qui se présentent sur votre chemin. En imaginant clairement les résultats souhaités, vous pouvez développer une attitude positive et renforcer votre confiance en vous-même. En utilisant cette technique régulièrement, vous pouvez améliorer votre performance dans tous les aspects de votre vie.

EXERCICE :

Il existe plusieurs exercices de visualisation que vous pouvez utiliser pour réaliser vos objectifs. Voici l'un des exercices les plus efficaces :

1. Asseyez-vous confortablement dans un endroit calme où vous ne serez pas dérangé. Fermez les yeux et respirez profondément quelques fois pour vous détendre.

2. Visualisez votre objectif de manière aussi claire et détaillée que possible. Imaginez-le avec tous les détails que vous pouvez : la couleur, la texture, le son, les odeurs, les goûts, etc. Essayez de vous mettre dans la peau de la personne qui a déjà atteint cet objectif.

3. Utilisez tous vos sens pour rendre la visualisation plus réelle. Imaginez-vous en train de vivre votre réussite,

ressentez les émotions positives que cela vous procure.

4. Restez concentré sur votre visualisation pendant quelques minutes. Répétez cette visualisation tous les jours, de préférence à la même heure.

5. La visualisation est un outil puissant pour vous aider à atteindre vos objectifs. En visualisant régulièrement votre réussite, vous vous concentrez sur vos objectifs et vous vous donnez les moyens de les atteindre.

OUTILS ET TECHNIQUES

Voici quelques outils et techniques que vous pouvez utiliser pour réussir une visualisation :

1. Définissez clairement votre objectif : Avant de commencer votre visualisation, assurez-vous que vous avez une compréhension claire et précise de votre objectif. Plus votre objectif est clairement défini, plus il sera facile de visualiser sa réalisation.

2. Utilisez tous vos sens : Pour rendre votre visualisation plus réelle et efficace, essayez d'imaginer tous les détails possibles de votre réussite en utilisant vos cinq sens. Essayez de voir, d'entendre, de sentir, de toucher et de goûter les éléments de votre visualisation.

3. Visualisez avec émotion : Les émotions sont une partie importante de la visualisation. Essayez de ressentir les émotions positives que vous éprouverez lorsque vous aurez atteint votre objectif. Plus vous

ressentirez ces émotions, plus votre visualisation sera efficace.

4. Soyez régulier : Pour que la visualisation soit efficace, vous devez la pratiquer régulièrement. Essayez de visualiser votre réussite tous les jours, de préférence à la même heure. Plus vous le ferez, plus vous vous concentrerez sur votre objectif, ce qui vous aidera à atteindre vos objectifs plus rapidement.

5. Utilisez des supports visuels : Si vous avez du mal à visualiser, vous pouvez utiliser des supports visuels pour vous aider. Par exemple, vous pouvez créer un tableau de visualisation ou utiliser des images pour représenter votre objectif.

6. Utilisez la méditation : La méditation peut vous aider à vous détendre et à vous concentrer sur votre visualisation. Avant de commencer votre visualisation, prenez quelques minutes pour vous détendre en pratiquant la méditation ou la respiration consciente.

En utilisant ces outils et techniques, vous pouvez rendre votre visualisation plus efficace et atteindre vos objectifs plus rapidement.

"La visualisation crée un pont entre l'imagination et la réalité, entre l'incertitude et la certitude, entre le désir et la réalisation." - Brian Tracy, auteur de livres de développement personnel et conférencier motivant.

CHAPITRE 4 : LA PRISE DE DÉCISION POSITIVE

La prise de décision est un élément essentiel pour atteindre le succès. Les décisions que nous prenons ont un impact direct sur notre vie et sur nos objectifs. Il est donc important de comprendre comment prendre des décisions positives pour maximiser nos chances de réussite. Dans ce chapitre, nous allons explorer l'importance de la prise de décision positive, comment une approche positive peut vous aider à prendre de meilleures décisions et comment la prise de décision impacte votre état d'esprit.

L'importance de prendre des décisions positives pour réussir

Les décisions que nous prenons peuvent avoir un impact significatif sur notre vie. Les bonnes décisions peuvent nous mener vers le succès et les mauvaises décisions peuvent nous mener vers l'échec. Il est donc important de prendre des décisions positives pour maximiser nos chances de réussite. Une étude menée par la Harvard Business Review a révélé que les dirigeants ayant une approche positive de la prise de décision ont des résultats plus positifs que ceux ayant une approche négative. Les dirigeants positifs ont plus de chance de prendre des décisions qui ont un impact positif sur l'entreprise.

Comment une approche positive peut vous aider à prendre de meilleures décisions

Une approche positive peut vous aider à prendre de meilleures décisions en vous permettant de voir les opportunités plutôt que les obstacles. Les personnes ayant une attitude positive ont tendance à voir les situations comme des défis plutôt que des problèmes. Ils cherchent des solutions plutôt que de se concentrer sur les problèmes. En voyant les situations de manière positive, vous pouvez avoir une vision plus claire de ce que vous voulez accomplir et prendre des décisions qui vous rapprochent de vos objectifs.

Selon une étude menée par l'Université de Californie, les personnes ayant une attitude positive ont tendance à être plus créatives et à penser de manière plus flexible. Cette flexibilité mentale peut aider à trouver des solutions plus créatives aux problèmes et à prendre des décisions plus efficaces.

Comment la prise de décision impacte votre état d'esprit

La prise de décision peut avoir un impact significatif sur votre état d'esprit. Les décisions difficiles peuvent causer de l'anxiété et du stress, tandis que les décisions positives peuvent améliorer votre estime de soi et votre confiance en vous. Les personnes ayant une approche positive de la prise de décision ont tendance à avoir une meilleure estime de soi et à être plus confiantes dans leurs choix. En voyant les situations de manière positive, vous pouvez prendre des décisions qui renforcent votre estime de soi et votre confiance en vous.

Selon une étude menée par l'Université de Pennsylvanie, les personnes ayant une approche positive de la prise de décision ont tendance à être plus résilientes face aux échecs. Ils sont mieux équipés pour faire face aux revers et sont plus en mesure de se remettre sur pied rapidement.

La prise de décision positive est un élément clé pour atteindre le succès. Les décisions que nous prenons ont un impact direct sur notre vie et sur nos objectifs. En adoptant une approche positive de la prise de décision, vous pouvez maximiser vos chances de réussite. En voyant les situations de manière positive, vous pouvez prendre des décisions qui vous rapprochent de vos objectifs, améliorent

EXERCICE

Dans cet exercice, nous allons explorer les étapes de la prise de décision positive et comment elles peuvent vous aider à atteindre vos objectifs. Il est important de prendre des décisions positives pour réussir et avancer dans la vie. Prenez le temps de réfléchir à votre propre approche de la prise de décision et de considérer comment vous pouvez intégrer des éléments de la prise de décision positive dans votre processus de prise de décision.

Étape 1 : Clarifiez le problème : Prenez une décision que vous devez prendre et notez-la ci-dessous :____________

____

____

Prenez quelques minutes pour réfléchir au problème que vous essayez de résoudre. Quel est le problème exactement ? Quelles sont les options disponibles pour résoudre ce problème ? ______________________________

____

____

____

Étape 2 : Collectez des informations : Maintenant que vous avez clarifié le problème, il est temps de collecter des informations. Notez ci-dessous toutes les informations pertinentes sur chaque option :

Option 1 :____________________________________

____

____

Option 2 :____________________________________

____

____

Option 3 :____________________________________

____

____

Étape 3 : Évaluez les options : Examinez les informations que vous avez recueillies pour chaque option. Pour chaque option, évaluez les avantages et les inconvénients en termes de réalisation de votre objectif. Notez ci-dessous votre évaluation :

Option 1 :______________________________________

____

____

Option 2 :______________________________________

____

____

Option 3 :______________________________________

____

____

Étape 4 : Prenez la décision : Maintenant que vous avez évalué les options, il est temps de prendre une décision. Basé sur les informations et les évaluations que vous avez rassemblées, quelle option choisiriez-vous ? Notez votre décision ci-dessous :______________________________

____

____

____

____

____

____

Étape 5 : Évaluez la décision : Après avoir pris une décision, il est important de prendre du recul et d'évaluer comment cette décision a affecté votre état d'esprit et vos résultats. Notez ci-dessous comment votre décision a affecté votre état d'esprit et les résultats que vous avez obtenus :_______________________________________

____

____

____

____

____

____

____

La prise de décision positive peut avoir un impact significatif sur notre vie. En utilisant cet exercice pratique, vous pouvez apprendre à prendre des décisions positives et à améliorer vos résultats. N'oubliez pas de clarifier le problème, collecter des informations, évaluer les options, prendre une décision et évaluer la décision pour obtenir les meilleurs résultats possibles.

OUTILS ET TECHNIQUES

Voici quelques outils et techniques pour vous aider à prendre des décisions positives :

1. L'analyse SWOT : cette technique consiste à identifier les forces, les faiblesses, les opportunités et les

menaces liées à une situation. En identifiant ces facteurs, vous pouvez prendre une décision plus éclairée et choisir la meilleure option en fonction de vos objectifs.

2. Le test des conséquences : avant de prendre une décision, pensez aux conséquences possibles de chaque option. Posez-vous des questions telles que : "Qu'est-ce qui peut mal tourner ?" et "Quelles seront les répercussions de cette décision sur le long terme ?". Ensuite, comparez les résultats pour déterminer la meilleure décision.

3. La méthode 10-10-10 : demandez-vous comment vous vous sentirez dans 10 minutes, 10 mois et 10 ans si vous prenez une certaine décision. Cette technique vous aide à prendre une décision en tenant compte à la fois des effets immédiats et des conséquences à long terme.

4. L'approche de la liste : dressez une liste des avantages et des inconvénients de chaque option. Cette technique vous aide à clarifier vos pensées et à prendre une décision plus éclairée.

5. L'approche du pire scénario : imaginez le pire scénario possible pour chaque option et demandez-vous si vous seriez capable de le gérer. Cette technique vous aide à évaluer les risques et à prendre une décision plus informée.

En utilisant ces outils et techniques, vous pouvez prendre des décisions positives qui vous aideront à atteindre vos objectifs et à réussir dans tous les aspects de votre vie.

"Prenez la décision de rendre chaque jour un jour incroyable." - Tony Robbins

CHAPITRE 5 : LA PERSÉVÉRANCE ET LA RÉSILIENCE

La persévérance et la résilience sont des qualités essentielles pour atteindre des résultats exceptionnels et surmonter les obstacles qui se dressent sur notre chemin. Dans ce chapitre, nous explorerons en détail ces deux qualités et comment les cultiver pour réussir dans tous les aspects de notre vie.

L'importance de la persévérance et de la résilience pour atteindre vos objectifs

La persévérance et la résilience sont deux qualités essentielles pour atteindre vos objectifs. La persévérance implique de continuer à travailler dur et de ne pas abandonner malgré les difficultés rencontrées. La résilience, quant à elle, consiste à faire preuve de force mentale pour surmonter les épreuves et les revers.

Des études ont montré que la persévérance et la résilience sont des facteurs clés de réussite dans tous les domaines de la vie, y compris dans les études, la carrière et les relations personnelles. Les personnes qui possèdent ces qualités ont tendance à atteindre des résultats exceptionnels et à être plus heureuses et épanouies.

Comment cultiver ces qualités pour surmonter les obstacles

La bonne nouvelle est que la persévérance et la résilience peuvent être cultivées et renforcées avec le temps et la pratique. Voici quelques techniques pour vous aider à développer ces qualités :

- Fixez des objectifs clairs et spécifiques pour vous donner un but à atteindre.
- Trouvez des mentors ou des modèles qui ont réussi malgré les obstacles et qui peuvent vous inspirer.
- Apprenez à gérer votre stress et à prendre soin de votre santé physique et mentale.
- Pratiquez la méditation et la pleine conscience pour améliorer votre concentration et votre présence d'esprit.
- Trouvez des moyens créatifs pour surmonter les obstacles et les défis rencontrés.

<u>Comment continuer à avancer malgré les difficultés</u>

Il est important de garder à l'esprit que la persévérance et la résilience ne signifient pas simplement "endurer" les difficultés. Il est important de s'adapter et d'apprendre de ces défis pour continuer à avancer.

Une façon d'y parvenir est de cultiver une attitude de croissance plutôt qu'une mentalité fixe. Les personnes ayant une attitude de croissance voient les échecs et les difficultés comme des occasions d'apprendre et de grandir, plutôt que comme des preuves de leur incapacité à réussir.

La persévérance et la résilience sont des qualités essentielles pour réussir dans tous les aspects de notre vie. En les cultivant et en les renforçant, nous pouvons surmonter les obstacles et atteindre des résultats exceptionnels.

EXERCICES

Exercice n°1 : Cultivez une attitude positive. Prenez le temps chaque jour pour noter les situations difficiles que vous avez rencontrées et les aspects positifs que vous pouvez en retirer. Ensuite, réfléchissez aux solutions que vous pouvez mettre en place pour surmonter ces obstacles. Essayons :

Situation difficile :______________________________

____

____

____

____

Aspects positifs :________________________________

____

____

____

____

Solutions possibles :_____________________________

____

____

____

____

____

Réflexion personnelle :___________________________

____

____

____

____

____

____

____

____

Exercice n°2 : Soyez persévérant dans vos efforts. Fixez-vous des objectifs clairs et notez les obstacles que vous rencontrez en travaillant pour les atteindre. Ensuite, écrivez les actions que vous pouvez entreprendre pour surmonter ces obstacles et continuer à avancer vers vos objectifs.

Objectif :_____________________________________

____

____

____

Obstacles rencontrés :______________________________

____

____

____

____

Actions à entreprendre :____________________________

____

____

____

____

Réflexion personnelle :_____________________________

____

____

____

____

____

OUTILS ET TECHNIQUES

1. La méditation : La méditation reste en tête de liste. Elle est un excellent moyen de cultiver la résilience. Elle vous aide à rester calme et à vous concentrer sur l'instant présent, même lorsque vous êtes confronté à

des défis. Des études ont montré que la méditation peut aider à réduire le stress, l'anxiété et la dépression.

2. L'entraînement mental : L'entraînement mental est une technique utilisée par les athlètes de haut niveau pour améliorer leur performance. Cette technique peut également être appliquée à la vie quotidienne pour améliorer la persévérance et la résilience. L'entraînement mental implique de visualiser des scénarios difficiles et de se voir surmonter les obstacles avec succès.

3. La pratique de la gratitude : La pratique de la gratitude peut aider à cultiver la résilience en vous aidant à rester concentré sur les aspects positifs de votre vie, même lorsque vous êtes confronté à des défis. Prenez le temps chaque jour pour énumérer les choses pour lesquelles vous êtes reconnaissant dans votre vie.

4. La prise de décision : La prise de décision est une compétence importante pour la persévérance et la résilience. Prendre des décisions difficiles peut être stressant et peut vous faire douter de vous-même. Pour améliorer votre capacité à prendre des décisions difficiles, essayez de décomposer le processus en étapes plus petites et plus gérables.

5. Le renforcement de la confiance en soi : La confiance en soi est un élément clé de la persévérance et de la résilience. Pour renforcer votre confiance en vous, essayez de vous fixer des objectifs réalisables et de travailler régulièrement pour les atteindre. Chaque

petite victoire renforcera votre confiance en vous et vous aidera à continuer à avancer.

"La persévérance est la clé de la réussite. Si vous tombez, relevez-vous et continuez à avancer." - Richard Branson.

CHAPITRE 6 : LES RELATIONS POSITIVES POUR LA RÉUSSITE

Les relations que nous entretenons avec les autres ont une influence considérable sur notre bien-être émotionnel et sur notre réussite dans la vie. Des recherches montrent que les personnes ayant des relations positives sont plus satisfaites de leur vie, ont moins de stress, et ont une meilleure santé mentale et physique. Dans ce chapitre, nous allons explorer l'importance des relations positives pour la réussite et comment cultiver ces relations dans notre vie.

L'importance des relations positives pour la réussite

Les relations positives ont un impact important sur notre état d'esprit, notre confiance en soi et notre motivation. Des études ont montré que les personnes ayant des relations positives ont plus de chances de réussir dans leur vie professionnelle et personnelle. En effet, les relations positives nous permettent de nous sentir soutenus et encouragés dans la poursuite de nos objectifs, et de nous sentir en confiance pour relever les défis.

Des experts en psychologie soulignent l'importance des relations positives pour la réussite. Selon le psychologue social David Myers, "les relations positives sont essentielles pour la santé et le bonheur". De même, la psychologue positive Barbara Fredrickson a démontré que les relations positives élargissent notre champ de vision et nous aident à trouver des solutions créatives à nos problèmes.

Comment les relations positives peuvent vous aider à rester motivé et engagé

Les relations positives peuvent nous aider à rester motivé et engagé dans la poursuite de nos objectifs. Les personnes qui nous soutiennent et nous encouragent sont des sources de motivation et d'inspiration. Des études ont montré que les personnes qui ont des amis engagés dans la poursuite de leurs propres objectifs ont plus de chances de réussir également.

De plus, les relations positives nous aident à gérer le stress et à faire face aux défis de la vie. Les personnes qui ont des relations positives ont tendance à être plus résilientes et à mieux faire face aux situations difficiles.

Comment cultiver des relations positives dans votre vie

Cultiver des relations positives dans notre vie peut sembler difficile, mais il existe des moyens pratiques pour y arriver. Voici quelques techniques pour cultiver des relations positives :

1. Soyez positif : essayez de rester optimiste et de voir le bon côté des choses, même dans les moments difficiles.

2. Montrez de l'empathie : soyez à l'écoute de vos amis et de votre famille, et montrez-leur que vous comprenez ce qu'ils ressentent.

3. Soyez présent : faites un effort pour passer du temps de qualité avec les personnes importantes dans votre vie.

4. Donnez de l'amour : montrez à vos proches que vous les appréciez et que vous tenez à eux.

5. Soyez authentique : soyez vous-même et ne vous forcez pas à être quelqu'un que vous n'êtes pas.

Cultiver des relations positives dans notre vie est important pour notre bien-être émotionnel et notre réussite. Les relations positives nous aident à rester motivé et engagé dans la poursuite de nos objectifs, à gérer le stress, et à faire face aux défis de la vie. En mettant en pratique les techniques pour cultiver des relations positives, vous pouvez améliorer votre vie et celle de ceux qui vous entourent.

À savoir : Il est empiriquement démontré que la révélation d'un secret accélère le processus de création de confiance chez 99% des individus.

EXERCICE

Prenez un moment pour réfléchir à une personne de votre entourage avec qui vous aimeriez améliorer votre relation. Notez ci-après de qui il s'agit ______________________

Réfléchissez à ses qualités positives en répondant à la question suivante : Quelles sont les valeurs et les motivations qui guident les actions de cette personne ? ____

____

____

____

____

Posez-vous des questions ouvertes sur cette personne pour en apprendre davantage sur elle : Qu'est-ce qui la passionne dans la vie ? Quels sont ses projets ou ses rêves ? Qu'est-ce qui l'a inspirée à faire ce qu'elle fait actuellement ?___________________________________

____

____

____

____

____

____

____

____

____

____

Enfin, réfléchissez à des actions concrètes que vous pouvez entreprendre pour améliorer votre relation avec cette personne en vous appuyant sur les qualités positives que vous avez identifiées. Par exemple, vous pouvez lui offrir un espace pour s'exprimer librement, lui proposer votre aide pour réaliser un projet qui lui tient à cœur, ou encore lui exprimer votre gratitude pour les qualités positives que vous avez identifiées. ___________________

____

____

____

____

____

____

____

____

____

Voici quelques exemples concrets d'application de cet exercice dans la vie de tous les jours:

- Lors d'une rencontre avec un nouveau collègue, plutôt que de se focaliser sur les défauts ou les comportements négatifs, poser des questions ouvertes sur ses passions, ses projets ou encore ses expériences professionnelles précédentes pour mieux comprendre ses motivations et ses valeurs.

- Lors d'une discussion avec un ami qui traverse une période difficile, plutôt que de juger ou critiquer ses choix, chercher à comprendre ses émotions et ses besoins en posant des questions ouvertes et en lui offrant un espace de confiance pour s'exprimer librement.

- Lors d'une situation de conflit avec un proche, plutôt que de chercher à imposer son point de vue ou à blâmer l'autre, chercher à comprendre les motivations et les valeurs qui ont guidé les actions de chacun pour trouver une solution qui convient à tous.

- Dans n'importe quelle situation, écrivez une lettre à une personne importante dans votre vie pour lui exprimer votre gratitude et votre appréciation.

OUTILS ET ASTUCES

Il existe plusieurs outils et techniques qui peuvent être utilisés pour cultiver des relations positives et favoriser la réussite :

- La communication non-violente : cette méthode permet de communiquer avec les autres de manière empathique et bienveillante. Elle consiste à écouter activement, à exprimer ses émotions et ses besoins de manière claire et à éviter les jugements et les critiques.

- Le feedback constructif : donner des feedbacks constructifs permet de renforcer les relations positives en offrant une perspective constructive et non-critique. Cela peut aider à améliorer la communication et à renforcer la confiance.

- La gratitude : exprimer sa gratitude envers les autres permet de renforcer les liens et de favoriser des relations positives. Prenez le temps de remercier les personnes importantes dans votre vie pour les petites et grandes choses qu'elles font pour vous.

- L'empathie : mettre en pratique l'empathie envers les autres permet de mieux les comprendre et de renforcer les liens positifs. Essayez de vous mettre à la place des autres pour mieux comprendre leur point de vue et leurs besoins.

- La résolution de conflit : apprendre à gérer les conflits de manière constructive et à trouver des solutions gagnant-gagnant permet de renforcer les relations positives. Trouvez des solutions ensemble pour résoudre les problèmes et éviter les confrontations.

"Le succès ne vient pas seul, il est toujours accompagné d'une équipe, d'un réseau, d'une relation positive." - Shaharudin Ibrahim

CHAPITRE 7 : LA GRATITUDE POUR LA RÉUSSITE

Le chapitre précédent nous a montré l'importance des relations positives pour la réussite. Dans ce chapitre, nous allons explorer un autre outil puissant pour cultiver une attitude positive : la gratitude. La gratitude est une émotion positive qui implique la reconnaissance et l'appréciation de ce que l'on a dans la vie. Elle peut jouer un rôle clé dans la réussite en nous aidant à rester concentré sur nos objectifs et à maintenir notre motivation pour atteindre encore plus de succès.

L'importance de la gratitude pour la réussite

La gratitude peut avoir un impact significatif sur notre bien-être et notre succès. Selon une étude menée par Robert Emmons, professeur de psychologie à l'université de Californie, Davis, la gratitude peut améliorer notre santé mentale, renforcer nos relations et augmenter notre satisfaction dans la vie. Dans une autre étude, des chercheurs ont découvert que les personnes qui pratiquent régulièrement la gratitude ont tendance à être plus résilientes et à mieux faire face aux défis de la vie.

Comment la gratitude peut vous aider à rester concentré sur vos objectifs

La gratitude peut également nous aider à rester concentré sur nos objectifs en nous aidant à voir les aspects positifs de notre situation actuelle. Au lieu de se concentrer sur ce qui manque dans notre vie, la gratitude nous invite à apprécier ce que nous avons déjà. En pratiquant la gratitude régulièrement, nous pouvons développer une attitude de satisfaction et de contentement qui peut nous aider à rester motivé et engagé dans la poursuite de nos objectifs.

<u>Comment la gratitude peut vous motiver pour atteindre encore plus de succès</u>

En plus de nous aider à rester concentré sur nos objectifs, la gratitude peut également nous motiver à atteindre encore plus de succès. Lorsque nous sommes reconnaissants pour ce que nous avons déjà accompli, nous avons tendance à être plus confiants et à avoir plus de courage pour poursuivre des objectifs plus ambitieux. En effet, selon les recherches, les personnes qui pratiquent la gratitude ont tendance à être plus créatives et à chercher des moyens de contribuer positivement à leur communauté.

La gratitude est une pratique simple mais puissante qui peut avoir un impact significatif sur notre bien-être et notre succès. En cultivant la gratitude, nous pouvons rester concentré sur nos objectifs, renforcer nos relations et trouver la motivation nécessaire pour atteindre encore plus de succès. En incorporant régulièrement la gratitude dans notre vie, nous pouvons construire une attitude positive et prospère qui peut nous aider à réussir dans tous les aspects de notre vie.

EXERCICE

Prenez quelques minutes pour vous asseoir dans un endroit calme et confortable, et réfléchissez à votre journée ou à votre semaine passée. Pensez à tous les moments où vous avez connu du succès, même les plus petits.

Servez-vous du tableau ci-dessous. Dans la première colonne, écrivez tous les moments de réussite que vous avez identifiés, qu'ils soient grands ou petits. Dans la deuxième colonne, écrivez ce pour quoi vous êtes reconnaissant dans chaque situation.

Par exemple, si vous avez réussi à terminer un projet au travail, vous pouvez écrire dans la première colonne : « J'ai terminé le projet avant la date limite ». Dans la deuxième colonne, écrivez : « Je suis reconnaissant(e) pour mes compétences professionnelles qui m'ont permis de terminer le projet à temps ».

RÉUSSITE	GRATITUDE

RÉUSSITE	GRATITUDE

Répétez cet exercice quotidiennement, en prenant le temps de réfléchir à vos réussites et à ce pour quoi vous êtes reconnaissant(e). Cela vous aidera à vous concentrer sur les aspects positifs de votre vie, à renforcer votre estime de soi et à cultiver des relations positives avec les autres.

OUTILS ET ASTUCES

Voici quelques outils et techniques pour pratiquer la gratitude et favoriser la réussite :

- Journal de gratitude : Prenez quelques minutes chaque jour pour noter dans un journal les choses pour lesquelles vous êtes reconnaissant(e) dans votre vie professionnelle et personnelle.

- Remerciements : Prenez le temps de remercier les personnes qui vous ont aidé à atteindre vos objectifs. Cela peut être sous forme d'un simple message de remerciement ou d'une note de remerciement plus détaillée.

- Affirmations positives : Créez des affirmations positives qui reflètent vos objectifs et vos aspirations. Répétez-les chaque jour pour vous aider à rester motivé(e) et concentré(e) sur vos objectifs.

- Méditation de gratitude : Prenez quelques minutes chaque jour pour méditer et vous concentrer sur les aspects positifs de votre vie professionnelle et personnelle.

- Visualisation de la réussite : Visualisez-vous atteindre vos objectifs et ressentir la gratitude pour cette réussite. Cette technique peut vous aider à rester motivé(e) et à maintenir une attitude positive.

En pratiquant régulièrement la gratitude, vous pouvez cultiver une attitude positive et aider à favoriser votre réussite.

"La gratitude est la clé qui ouvre la porte de la réussite et de l'abondance." - Zig Ziglar, auteur et conférencier motivant américain.

CONCLUSION : LA PENSÉE POSITIVE POUR UNE VIE RÉUSSIE

Nous avons exploré ensemble les clés de la réussite grâce à une approche positive. Nous avons vu comment la pensée positive, la fixation d'objectifs ambitieux, la visualisation, la prise de décision positive, la persévérance et la résilience, les relations positives et la gratitude peuvent tous contribuer à votre succès.

Comme l'a si bien dit Ralph Waldo Emerson : "La réussite est la somme de petits efforts répétés jour après jour". En adoptant une approche positive et en appliquant les stratégies que nous avons explorées dans ce livre, vous pouvez atteindre vos objectifs et réaliser votre potentiel.

En conclusion, ce livre souligne l'importance de la pensée positive, des objectifs ambitieux, de la visualisation, de la prise de décision positive, de la persévérance et de la résilience, ainsi que des relations positives pour atteindre le succès et vivre une vie heureuse et épanouissante. Adopter une attitude positive, cultiver des habitudes saines, trouver des mentors inspirants, entourer de personnes positives et pratiquer la gratitude sont des éléments clés pour réussir. La route vers le succès peut être semée d'embûches et d'obstacles, mais avec la persévérance et la résilience, tout est possible. En fin de compte, la vie est ce que nous en faisons, et en choisissant de cultiver des habitudes positives, nous pouvons améliorer notre bien-être émotionnel, physique et mental, atteindre nos objectifs les plus ambitieux et réaliser notre plein potentiel.

Nous espérons que ce livre vous a inspiré et motivé à poursuivre vos rêves avec une attitude positive. Nous vous encourageons à continuer à explorer cette approche dans votre vie quotidienne et à persévérer dans la poursuite de vos objectifs, quelles que soient les difficultés que vous rencontrez.

Avec une attitude positive et un engagement constant, vous pouvez accomplir des choses exceptionnelles.

Printed by Books on Demand GmbH, Norderstedt / Germany